C'ÉTAIT CE JOUR-LÀ…

7 mai

Votre arbre généalogique

Arrière-grand-père

Arrière-grand-mère

Arrière-grand-père

Arrière-grand-mère

Grand-mère

Grand-père

Maman

Moi

Je suis né(e)

Jour : ....

Année : ....

Heure : ....

Ville : ....

Pays : ....

Mon poids

....

Ma taille

....

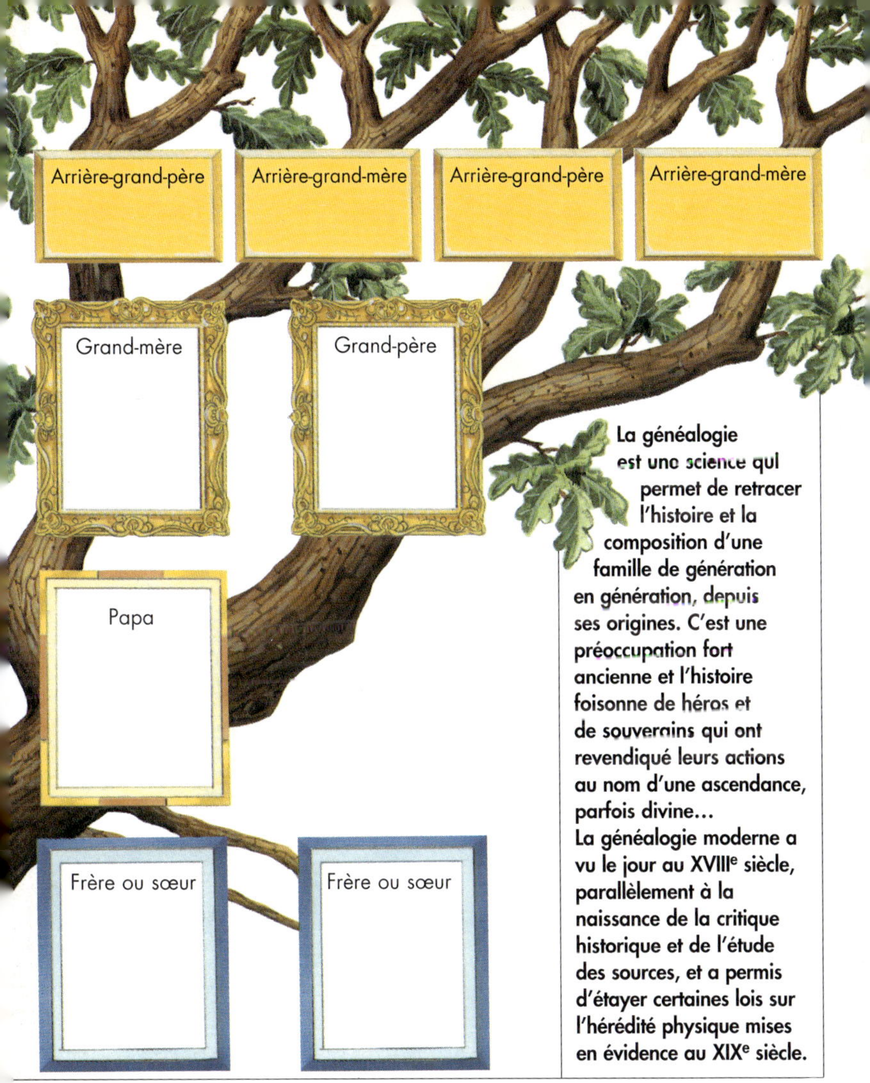

La généalogie est une science qui permet de retracer l'histoire et la composition d'une famille de génération en génération, depuis ses origines. C'est une préoccupation fort ancienne et l'histoire foisonne de héros et de souverains qui ont revendiqué leurs actions au nom d'une ascendance, parfois divine…
La généalogie moderne a vu le jour au XVIIIe siècle, parallèlement à la naissance de la critique historique et de l'étude des sources, et a permis d'étayer certaines lois sur l'hérédité physique mises en évidence au XIXe siècle.

L'ORIGINE DES CALENDRIERS

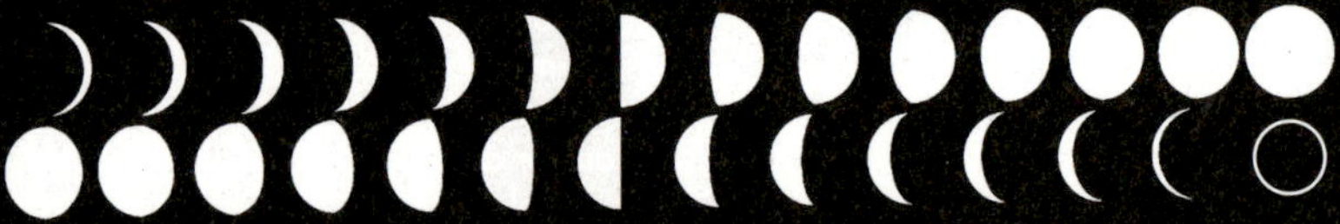

La nécessité d'avoir des repères fiables dans le temps conduisit les Anciens à observer le mouvement des astres afin d'établir une périodicité. Grâce à la régularité du déplacement du Soleil, les hommes eurent très tôt une mesure du temps : le jour. Puis en observant le retour du Soleil à la même place sur l'horizon terrestre, ils en trouvèrent une autre : l'année, qui correspond environ à 12 évolutions de la Lune dans le ciel. L'année fut donc découpée en 12 mois. Autant de divisions qui permirent d'établir un calendrier, qui règle la vie des hommes depuis 4 000 ans… Certains peuples fondent leur calendrier sur l'évolution du Soleil, d'autres sur celle de la Lune.

La rotation de la Terre sur elle-même est de 24 h : c'est la journée. La Lune met environ 29 jours et demi pour

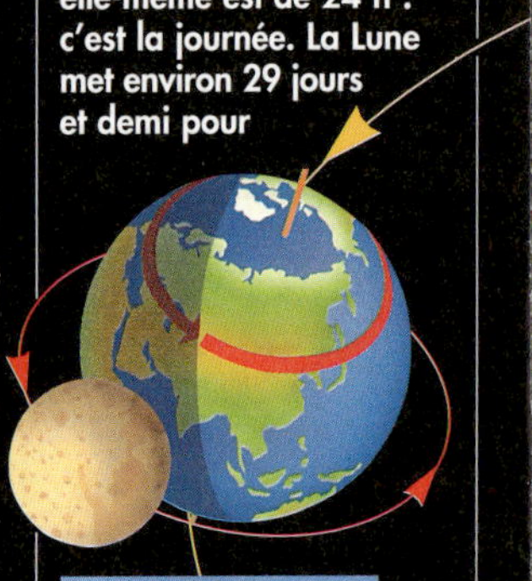

faire le tour de la Terre : c'est le mois lunaire, celui qui connaît le plus de variations. La Terre, elle, met 365 jours, 6 h et 9 min pour faire sa rotation autour du Soleil : c'est l'année solaire.

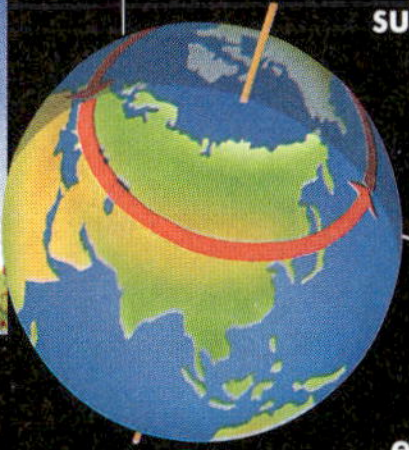

La Terre tourne sur elle-même et gravite autour du Soleil.

La Terre est l'une des 9 planètes qui circulent autour d'une étoile, le Soleil, et forment le système solaire. Le Soleil est un globe ardent de gaz chauds d'un diamètre 109 fois plus grand que celui de la Terre. Ce n'est qu'une étoile parmi les 100 milliards d'étoiles qui forment notre galaxie, mais c'est la plus proche de la Terre.

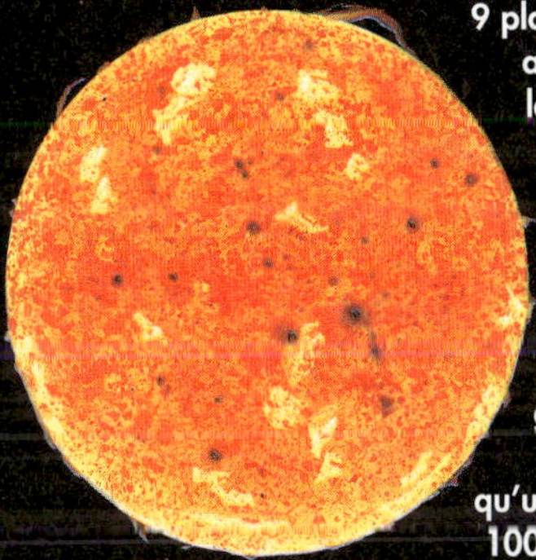

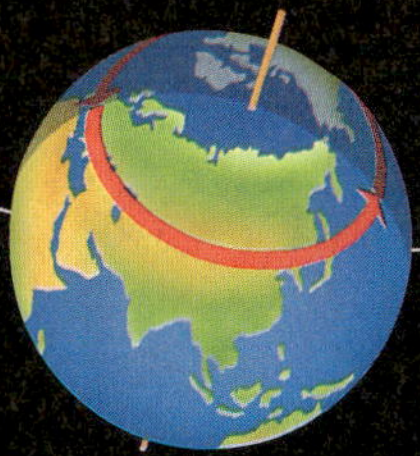

Les saisons sont inversées dans les 2 hémisphères.

Ce sont les Égyptiens qui établirent le premier calendrier solaire de 365 jours. L'omission des 6 h 9 mn entraîna un décalage par rapport aux saisons. En 238 av. J.-C. on instaura le principe du jour supplémentaire,

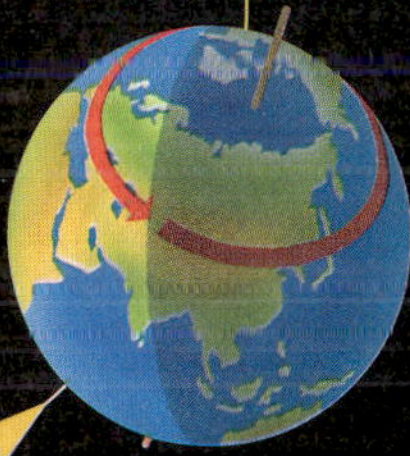

qui permettait de rétablir ce retard. Le calendrier imposé par Jules César systématisait ce principe en instaurant une année bissextile tous les 4 ans. Le décalage de 9 min qui subsistait fut l'objet de la réforme grégorienne de 1582.

Les constellations du zodiaque

Au cours d'une année, le Soleil fait le tour du ciel en traversant 12 constellations, toujours les mêmes. La plupart d'entre elles ayant été baptisées de noms d'animaux par les Grecs, elles forment le cercle dit du zodiaque, qui signifie "figure animalière". Le Soleil reste 1 mois dans chacune d'elles et détermine le signe astrologique. Aujourd'hui, une constellation désigne une région du ciel et non uniquement un dessin, les astronomes ayant divisé le ciel en 88 constellations.

A force d'observer le ciel, les Anciens notèrent que certains groupes d'étoiles, dont ils se servaient pour s'orienter, dessinaient des figures auxquelles ils s'empressèrent de donner des noms de héros mythologiques ou d'animaux. Ainsi naquirent les constellations, dont les motifs n'ont guère changé depuis 4 000 ans. Ils remarquèrent que, comme le Soleil et la Lune, certains astres se déplaçaient parmi les constellations du zodiaque et les baptisèrent planètes, qui signifie "vagabond" en grec. Les Anciens ne connaissaient que 5 planètes visibles à l'œil nu : Mercure, Vénus, Mars, Jupiter et Saturne. Uranus, Neptune et Pluton, furent découvertes beaucoup plus tard.

Le zodiaque

Bélier
21 mars - 20 avril

Taureau
21 avril - 20 mai

Gémeaux
21 mai - 22 juin

Cancer
23 juin - 22 juillet

Lion
23 juillet - 23 août

Vierge
24 août - 23 septembre

Balance
24 septembre -
23 octobre

Scorpion 24 octobre -
22 novembre

Sagittaire 23 novembre -
21 décembre

Capricorne
22 décembre -
20 janvier

Verseau
21 janvier - 19 février

Poisson
20 février - 20 mars

L'INFLUENCE DES PLANÈTES

Chaque planète a des propriétés spécifiques, tout comme les signes du zodiaque sur lesquels elles sont censées exercer une influence déterminante. Mars régit le signe du Bélier, Pluton le Scorpion, Vénus le Taureau et la Balance ; tandis que Saturne domine le Capricorne, Mercure la Vierge et les Gémeaux, Jupiter le Sagittaire, Neptune les Poissons et Uranus le Verseau. Le Soleil, qui est au centre de notre système solaire, fut adoré par de nombreuses civilisations anciennes. Il régit le signe du Lion, le "roi des signes", tandis que le Cancer est sous la tutelle de la Lune.

Les astronomes mésopotamiens et grecs de l'Antiquité observaient minutieusement les déplacements des "astres errants" dans les constellations du zodiaque : le Soleil, la Lune, Mars Mercure, Vénus, Jupiter et Saturne. Ils avaient noté que deux d'entre eux, le Soleil et la Lune, influençaient les phénomènes naturels : l'alternance des jours et des nuits, des saisons et des marées. Croyant que les astres

Les 9 planètes du système solaire

pouvaient aussi guider le cours des événements humains, ils attribuèrent une influence à chaque constellation du zodiaque et à chaque planète. Mars fut associé à la guerre en raison de sa couleur rouge et Saturne à la sagesse, pour sa lenteur. Ainsi sont nés l'astrologie et l'horoscope : selon la position que les planètes occupent les unes par rapport aux autres dans le ciel au moment précis de la naissance d'un individu, elles influent sur son caractère et son destin.

Né sous le signe du Taureau

Deuxième signe du zodiaque et premier signe de terre, le Taureau, nocturne et féminin, est gouverné par Vénus. Doué d'un tempérament puissant, il est gourmand et affectueux.

Le natif du Taureau aime le plaisir. Il l'aime avec simplicité mais sans modération. Sa nature heureuse le prédispose au bonheur et lui fait fuir par instinct les situations complexes dont l'issue ne lui apparaît pas clairement. Fidèle dans ses amitiés, il veille sur les siens avec un soin jaloux et leur prodigue sans ambages des attentions de propriétaire bienveillant.

21 AVRIL - 20 MAI

Il déploie une belle énergie pour s'établir dans l'existence et montre pour cela une constance dans l'effort et une farouche détermination. Il varie peu dans ses sentiments et dans ses objectifs. Lent dans sa progression affective et psychologique, il n'est point l'homme des ruptures brutales ni des engouements. Notoirement obstiné, voire têtu, sa devise pourrait se résumer ainsi : "À ma façon, ou sans moi !"

Le Taureau, à la forte complexion physique, est au mental réservé, voire timide. Calme et pondéré, il s'extériorise peu mais révèle au contraire sa puissante nature dans un effort lentement déployé. Cependant, cet être doux, naïf parfois, cédera devant la trahison à une effroyable colère. Chaque signe est associé à un animal, une pierre, une couleur... La couleur du Taureau, est le rose, ou encore le vert, sa fleur est la marguerite ; ses pierres précieuses sont le lapis-lazuli et l'émeraude, ses animaux la carpe, la colombe, le coucou. Son jour de chance est le vendredi.

Les célébrités du décan

Chaque décan possède ses particularités qui influent sur le caractère des personnes nées au cours de ces 10 jours.

Le 2e décan du Taureau est associé à la constellation du fleuve Éridan. Ses natifs ont un charme tout personnel et une vitalité hors du commun, ainsi que la faculté innée de parvenir à leurs fins. Ainsi sir **Thomas Lipton** (10 mai 1850, à gauche), négociant anglais qui bâtit sur le thé son empire commercial. C'est aussi le décan des volontés de fer que partagent Machiavel (3 mai 1469), diplomate, écrivain et inlassable défenseur de la République florentine, le duc de Wellington (1er mai 1769), implacable adversaire de Napoléon 1er, ou **Maximilien de Robespierre** (6 mai 1758), l'un des moteurs de la Révolution

française (à droite, en haut). Personnalités tout aussi impressionnantes : le maréchal Tito (7 mai 1892), dirigeant de l'ex-Yougoslavie, premier chef d'État communiste à s'être élevé contre Staline, ou l'énergique président des États-Unis Harry S. Truman (8 mai 1884). Idole des Argentins, Eva Perón (7 mai 1919) n'hésita pas à s'investir dans les affaires du pays pendant la présidence de son mari ; l'impératrice Catherine la Grande (2 mai 1729) veilla elle-même, en despote éclairé, aux destinées de la Russie. Les artistes de ce décan tendent à donner à leurs

créations les formes de leur propre monde intérieur, tel le peintre surréaliste espagnol **Salvador Dalí** (11 mai 1904, ci-contre, en haut). L'écrivain indien Rabindranâth Tagore (7 mai 1861) reçut le prix Nobel en 1913 pour avoir mis l'âme humaine en lumière, tandis que le génie des compositeurs Johannes Brahms (7 mai 1833) et Petr Ilitch Tchaïkovski (7 mai 1840) consista à la mettre en musique. Sur les écrans, Gary Cooper (7 mai 1901) captiva l'imagination populaire en incarnant un type de héros viril et loyal dans *L'Extravagant M. Deeds* ou

Le train sifflera trois fois. Le cinéma doit d'ailleurs beaucoup à un autre natif de ce décan, le réalisateur américain **Orson Welles** (6 mai 1915), au talent aussi multiple que singulier. La même fougue éclate dans les évolutions de Fred Astaire (10 mai 1899), danseur hors pair, qui ravit des générations de spectateurs, et les véroniques d'**El Cordobés** (4 mai 1936, ci-dessous), célèbre matador espagnol aux stupéfiants réflexes et au style très personnel, parfaite incarnation de l'esprit du décan.

Les personnalités du jour

Fils d'un modeste contrebassiste, Johannes Brahms se révèle très tôt être un pianiste prodige. À l'âge de 20 ans, il joue ses compositions devant 2 de ses glorieux aînés : Liszt et Schumann. En 1862, il se fixe à Vienne

Le 7 mai est placé sous le signe de la musique. C'est en effet ce jour-là que deux grands compositeurs voient le jour : Johannes Brahms et Petr Ilitch Tchaïkovski. Le premier, né à Hambourg en 1833, s'illustra par ses partitions pour piano, ses lieder, sa musique de chambre. Le second, né en Russie en 1840, est célèbre grâce à ses œuvres pour piano, ses symphonies, ses ballets et ses opéras.

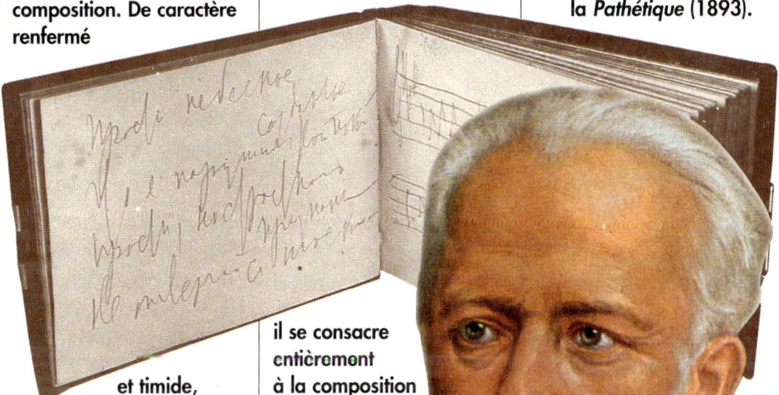

et abandonne ses tournées de chef d'orchestre et de pianiste pour se consacrer à la composition. De caractère renfermé et timide, Brahms mena une vie solitaire et ne se maria jamais. En outre, sa musique apparut tellement novatrice que le public mit longtemps à l'accepter. Son génie transparaît particulièrement dans ses œuvres pour piano, très difficiles à interpréter et où la mélodie possède une grande importance. Tchaïkovski (à doite) fit des études de droit et travailla au ministère de la Justice avant de se vouer à la musique, à partir de 1863. Devenu professeur d'harmonie au conservatoire de Moscou, il se consacre entièrement à la composition après l'échec de son mariage en 1877, puis se produit également comme chef d'orchestre. Parmi ses œuvres les plus célèbres, on compte *Le Lac des Cygnes* (1876), *Casse-Noisettes* (1892) et sa symphonie dite la *Pathétique* (1893).

Ce jour dans le monde

Ce jour-là, en 1824, la **9e Symphonie** de Ludwig von Beethoven est jouée à Vienne pour la première fois. Le compositeur allemand traverse alors une période difficile, marquée par l'aggravation de sa surdité et par des soucis matériels.
C'est également un 7 mai, en 1914, que le Congrès américain vote l'institution d'un nouveau jour férié, la **fête des Mères**, qui sera peu à peu repris à travers le monde. Cette nouveauté est l'œuvre d'une militante, Anna Jarvis qui, après de longues

négociations, venait d'obtenir satisfaction. Cette célibataire d'un certain âge avait entièrement consacré sa vie à sa mère et souhaitait voir instaurer une journée au cours de laquelle chaque enfant pourrait, tout comme elle, rendre hommage à la sienne.

C'est aussi un 7 mai, en 1945, que les forces allemandes signent à Reims leur capitulation sans condition. La **Seconde Guerre mondiale s'achève en Europe** après 5 ans et 8 mois de combats. Les passants se mettent à danser dans les rues de Londres. Les Parisiens, libérés dès le 25 août 1944, célèbrent la victoire des Alliés en pavoisant les rues.
Le 7 mai 1832, Otton Ier de Bavière est proclamé roi des Hellènes. Après 8 siècles sous la domination de l'Empire ottoman, la Grèce

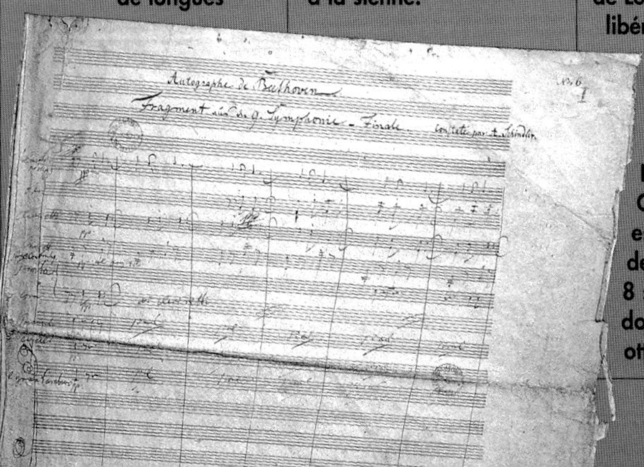

LE 7 MAI

devient un royaume indépendant. C'est l'aboutissement de la réunion des patriotes grecs, 7 ans plus tôt, à Épidaure, et de leur engagement à mener leur pays à l'indépendance.

Le 7 mai 1957 s'éteignait à l'âge de 54 ans le célèbre policier du FBI **Eliot Ness.** Dans une Amérique en pleine prohibition, il avait été nommé, à 26 ans, chef d'une brigade d'hommes d'élite dont l'honnêteté infaillible leur vaudra d'être surnommés par Eliot Ness lui-même "les Incorruptibles". Ils étaient chargés de démanteler les gangs criminels, notamment celui d'Al Capone, et de combattre

le trafic clandestin d'alcool. Après la Seconde Guerre mondiale, Eliot Ness se retira de la police et écrivit, peu avant sa mort, son livre *Les Incorruptibles.*

Depuis le début de la Première Guerre mondiale (1914-1918), France et Angleterre ont mis en œuvre un blocus des côtes allemandes. L'empereur Guillaume II rétorque en décrétant "zone de guerre" les eaux ceinturant les îles britanniques et lance, en 1915 une offensive sous-marine à l'aide de ses fameux U-Boot. Malgré les mises en garde de l'ambassade d'Allemagne aux États-Unis, la

Le naufrage du "Lusitania"

Le 7 mai 1915, alors qu'il arrive en vue des côtes irlandaises, le paquebot britannique *Lusitania* est torpillé par un sous-marin allemand. Le palace flottant sombre en dix huit minutes... Mille deux cents civils, dont cent dix-huit Américains, périront dans la catastrophe. Aux États-Unis, l'émotion est forte, les manifestations anti-allemandes sont nombreuses : le torpillage du *Lusitania* contribuera à faire basculer le pays dans la guerre.

compagnie de navigation Cunard n'annulera pas le voyage du *Lusitania* qu'elle considère comme "le plus rapide et le plus sûr des paquebots dont dispose l'Angleterre". Le navire quitte New York le 1er mai ; 5 jours plus tard, il pénètre dans la "zone de guerre", où croisent plusieurs U-Boot. Le 7, à 13 h 20, il est repéré par le *U-20*...

LES INVENTIONS DE MAI

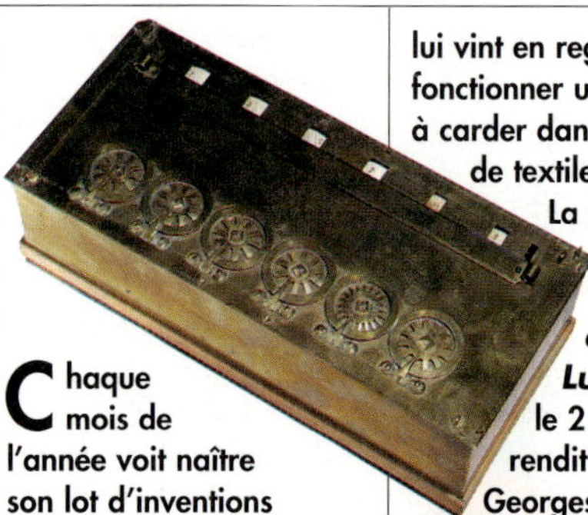

Chaque mois de l'année voit naître son lot d'inventions qui, chacune à leur façon, transforment le cours de notre vie quotidienne. Mai ne fait pas exception… La première **tondeuse à gazon** fut mise en service par un beau jour de mai 1831. Pour vanter sa machine, son inventeur, le Britannique Edwin Budding, laissait entendre qu'elle procurerait au "gentleman de la campagne l'occasion d'un exercice physique distrayant" ! En fait, l'idée de la tondeuse lui vint en regardant fonctionner une machine à carder dans une usine de textile.

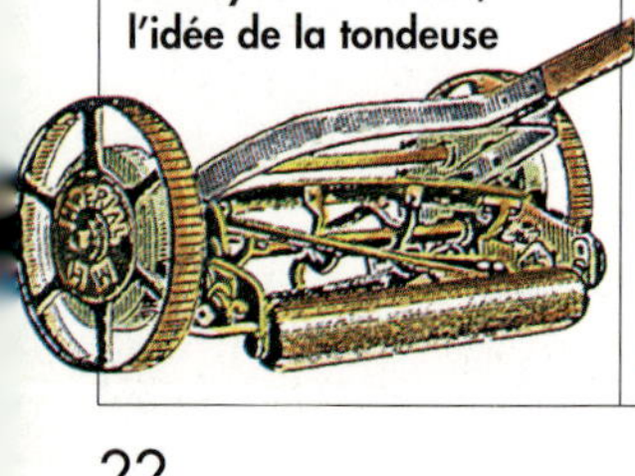

La sortie du film ***Le Voyage dans la Lune***, le 2 mai 1902, rendit son auteur, Georges Méliès, célèbre dans le monde entier. Ce court métrage qui ne dure que 13 min faisait revivre l'ambiance des récits de Jules Verne à travers l'histoire de 6 savants envoyés sur la Lune dans un obus géant et faits prisonniers par des extraterrestres. Grand amateur de prestidigitation, Méliès se transforma dans ce film en véritable illusionniste de l'image, jouant

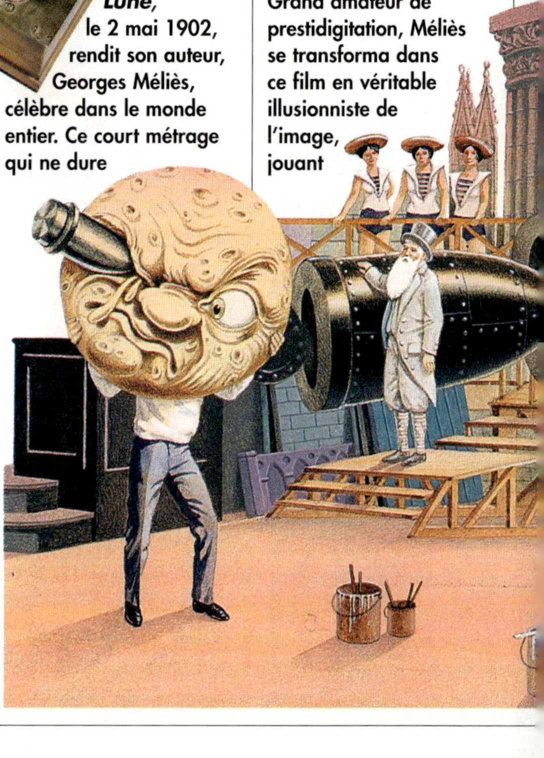

de multiples truquages et inventant à l'occasion des techniques nouvelles comme le fondu enchaîné, le montage, la substitution de personnes ou d'objets. Il est le premier réalisateur à avoir engagé l'art cinématographique naissant sur la voie du fantastique, de l'irréel et même de la science-fiction, à une époque où le genre était encore très prisonnier du réalisme photographique.

Mais revenons à notre assiette : ce fut le cardinal de Richelieu qui, le 13 mai 1639, utilisa pour la première fois une **fourchette** pour manger. Auparavant, les gens se servaient de couteaux, ou même parfois de dagues bien affûtées, quand ils n'y mettaient pas tout simplement les doigts !

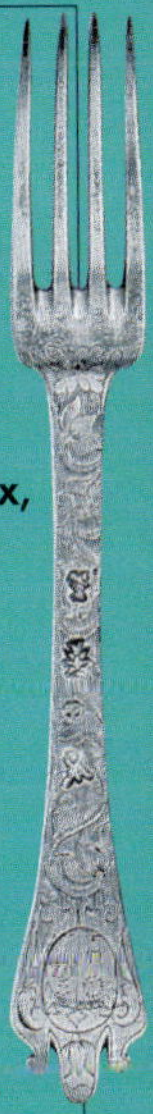

Un autre de ces objets si familiers, le **tube de dentifrice**, sortit, le 22 mai 1892, du cerveau d'un dentiste anglais, le Dr Sheffield. En fait, le mois de mai regorge d'utiles et d'ingénieuses inventions : les lunettes

à double foyer inventées par le très brillant **Benjamin Franklin** (en haut, à gauche), le 23 mai 1785, ou encore le pneu sans chambre à air, lancé en mai 1947.

AU RYTHME DES SAISONS

En Europe du Nord c'est l'arrivée de l'hirondelle rustique qui symbolise le mieux la venue du printemps et du redoux. Après avoir passé l'hiver au chaud en Afrique tropicale, elle revient chez nous pour nicher près des maisons et se reproduire. Beaucoup meurent lors de la migration. On recense 90 espèces d'hirondelles dans le monde.

Le printemps est la saison des amours pour beaucoup d'animaux et celle de la reproduction pour les plantes. Les arbres fruitiers se couvrent de fleurs qui, fécondées par les insectes, donneront les graines.

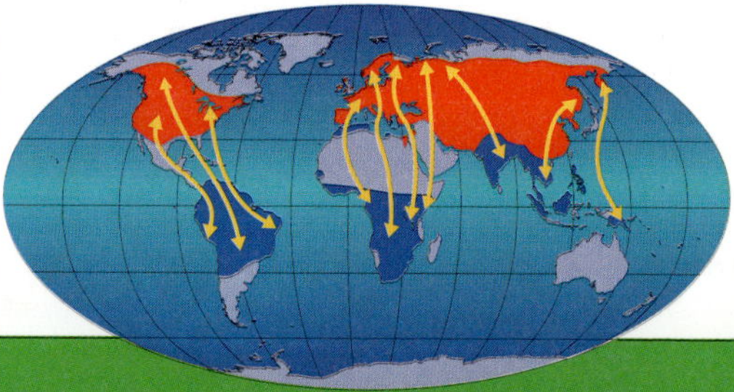

Le printemps : 20 mars - 20 juin

Le printemps, qui annonce les beaux jours, est l'occasion de nombreuses fêtes de par le monde. Au Japon, on célèbre plus particulièrement les cerisiers en fleur. Originaires de Chine, ils font partie de l'imaginaire populaire, et sont souvent représentés comme sur cette carte à jouer.

Le printemps est la saison des amours pour nombre d'animaux dans les deux hémisphères. Ainsi, les sternes arctiques volent d'un pôle à l'autre pour vivre toujours au printemps et pour se reproduire : elles forment des couples fidèles qui parcourent jusqu'à 35 000 km pour se retrouver ! Des groupes de cachalots femelles rejoignent le Sri Lanka et y attendent les mâles qui s'affronteront pour elles. Les petits naîtront 15 mois plus tard. À la même période les femelles des phoques du Groenland mettent bas dans le golfe du Saint-Laurent.

LES FÊTES DE MAI

Enfin mai ! Voici des fleurs, des fruits, l'eau qui bruit, la brise... Les hommes font fête à la nature. L'hiver s'éloigne avec ses maléfices. La première nuit de mai, la nuit de Beltaine, était déjà un moment de fête pour les Celtes. L'été était de retour. On allumait des feux. Scandinaves et Allemands célèbrent toujours cette fête qu'ils surnomment **la nuit de Walpurgis** en mémoire de l'abbesse anglaise sainte Walburge. Elle évangélisa l'Allemagne au VIIIe siècle au moyen de torches

enflammées qui purifiaient l'air et faisaient fuir les sorcières et autres esprits malins. Retour à la source où l'on puise ses forces : la tradition veut que le 1er mai soit jour de repos. En France, depuis 1947, c'est la fête légale du Travail. Ce jour-là, on chôme. Dans d'autres pays, comme la Russie, il est synonyme de nouveau départ. On en profite pour signer les contrats de travail et les placer ainsi sous d'heureux auspices. Le 1er mai, on ose : revendiquer, manifester, se révolter. À Chicago, en 1886, ce fut l'occasion de violentes émeutes en faveur de la journée de 8 heures. Tout feu, tout flamme : mai, c'est le printemps retrouvé, la sève qui monte.

On fête les fleurs et les récoltes à venir, on se replonge dans tous les rites de la fertilité, dans tous les cultes de la terre prodigue. Au Cambodge, on célèbre le génie de la terre Arâs Kol. En Turquie, on tresse des couronnes de fleurs. En Thaïlande, c'est la cérémonie royale des labours qui ouvre la saison du repiquage du riz. Partout, l'on danse et l'on chante le retour des pluies, garantes des bonnes récoltes. Le "**Mai**" est figuré par un arbre que l'on plante sur la place du village et que l'on brûlera à la Saint-Jean, le 21 juin. Les Gaulois voyaient en lui un trait d'union entre le ciel, la terre et le monde souterrain. Selon eux, l'humanité participait à travers lui au

cycle de la nature et à son éternelle renaissance. L'arbre brûlé renaîtra de ses cendres et prodiguera à nouveau ses fruits. Roses, muguet, tulipes, pollen en suspension : mai est parfumé. Chaque pays célèbre sa fleur. La Bulgarie et le Maroc préfèrent la rose. En France, le 1er mai, on offre aux gens qui nous sont chers un brin de muguet pour leur porter bonheur. C'est Charles IX, en 1561, qui reçut le premier brin des mains d'un fidèle chevalier. Au Japon, on préfère fêter les petits garçons : c'est le **Kodomo-no-hi**. La tradition vient de Chine : le 5 mai, les enfants mâles s'affrontaient sous le signe de la carpe. Comme ce poisson qui nage à contre-courant, ils devaient faire preuve de courage et de persévérance dans leurs combats. La célébration est devenue depuis plus pacifique : toutes les maisons qui abritent un petit garçon se contentent d'arborer fièrement le fanon de la carpe. Le mythe peut être religion : les bouddhistes célèbrent la naissance du **Bouddha** au mois de mai. Suivant la légende, l'ascète Gautama était assis à méditer au pied de l'arbre *bodhi,* l'arbre symbole de vie, quand il reçut l'Illumination.

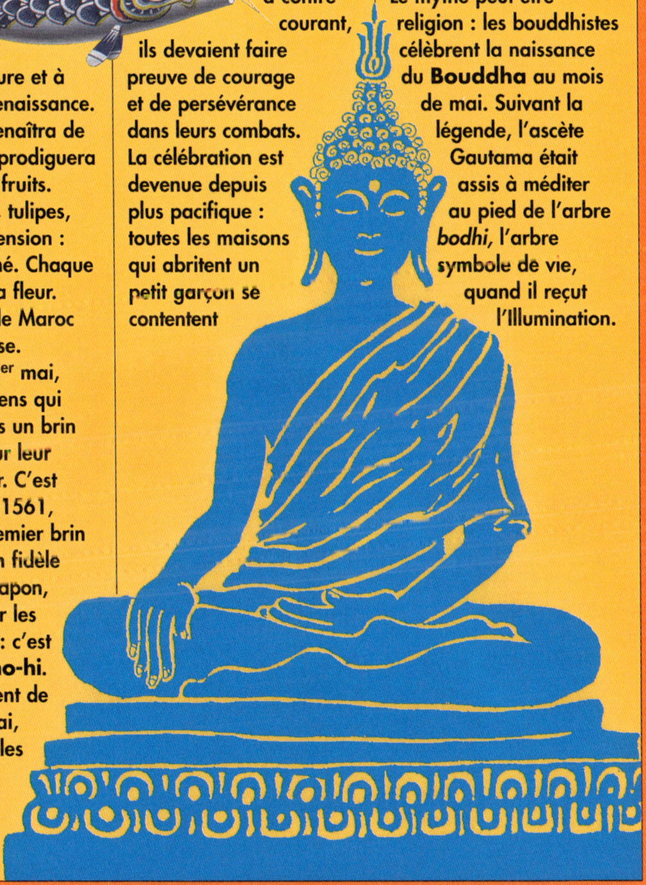

La révolution des chemins de fer et la rapidité accrue des communications du XIXe siècle avaient rendu possibles de grands rassemblements où les cultures du monde entier pouvaient être confrontées. L'Exposition universelle de 1889 se voulait l'apogée d'un siècle de grandes découvertes. Elle formait une immense cité de fer et de verre parcourue par un train que tirait une locomotive à vapeur miniature. La Galerie des machines élevait la maille serrée de son architecture métallique. Le soir, tout s'illuminait. Un immense phare bleu-blanc-rouge balayait Paris. Mais tous ne se joignaient pas à cet hymne au progrès. Gustave Eiffel avait dû se battre pour mener son projet à terme. Une pétition avait circulé contre cette Babel moderne "vertigineusement ridicule". Ce fut pourtant la tour qui éclipsa le reste et la science qui s'affirma contre les nostalgiques.

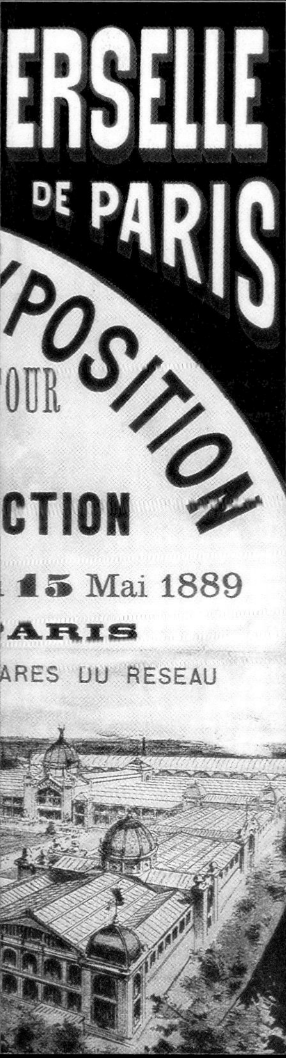

Le 15 mai 1889, Paris est en fête. Paris est rassuré. Cette étrange tour de fer qui s'élève depuis quatre ans et dérange l'ordre immuable du vieux Paris, la voilà achevée. La quatrième Exposition universelle ouvre ses portes. Durant six mois, deux millions de visiteurs vont s'y presser et défiler, émerveillés, devant les pavillons du monde entier. Mais c'est au pied de la tour Eiffel qu'ils se précipitent tous, avides de tester ses puissants ascenseurs, de toucher ses rambardes, d'éprouver sa solidité. On oublie les voix divergentes qui s'élèvent ici ou là. La République est une. La République a cent ans. 1789-1889 : la tour Eiffel se veut le symbole de ce XIXe siècle édifié sur les bases de la Révolution française, ce siècle du métal et de l'électricité, voué au culte du progrès.

“Le mai le joli mai a paré les ruines
De lierre de vigne vierge et de rosiers
Le vent du Rhin secoue sur le bord les osiers
Et les roseaux jaseurs et les fleurs nues des vignes”

GUILLAUME APOLLINAIRE